太极冠军演练图谱

四十二式太极拳

侯雯 编著

中原出版传媒集团
中原传媒股份公司
河南科学技术出版社

图书在版编目（CIP）数据

四十二式太极拳 / 侯雯编著 .—郑州：河南科学技术出版社，2019.1
（太极冠军演练图谱）
ISBN 978-7-5349-9160-8

Ⅰ.①四…　Ⅱ.①侯…　Ⅲ.①太极拳 - 图谱　Ⅳ.① G852.11-64

中国版本图书馆 CIP 数据核字（2018）第 034614 号

出版发行：河南科学技术出版社
地址：郑州市经五路66号　　邮编：450002
电话：（0371）65737028　65788636
网址：www.hnstp.cn
策划编辑：董　涛
责任编辑：陈海颜
责任校对：杨晓珂
封面设计：朱　婧
版式设计：王高峰
摄　　影：高　翔
责任印制：张艳芳
印　　刷：河南新达彩印有限公司
经　　销：全国新华书店
开　　本：720 mm × 1020 mm　1/16　印张：6.75　字数：160千字
版　　次：2019年1月第1版　2019年1月第1次印刷
定　　价：39.80元

“太极冠军演练图谱”编委会

（排名不分先后）

作者简介

侯雯，郑州大学体育学院教师；国家级运动健将，中国武术六段；国家一级裁判员，中国武术段位制系列教材示范者，中国武术段位制考评员、指导员；国家级社会体育指导员培训教师，全国援外教练员。

侯雯自幼习武，技艺超群，十五岁即获得全国青少年武术锦标赛太极拳第一名。后入选河南省太极拳队，屡获太极拳全国冠军，成绩斐然，并多次随中国武术代表团出访世界多国。她练的太极拳，动作轻灵，劲法飘逸，架式美观，被誉为“美女太极”。

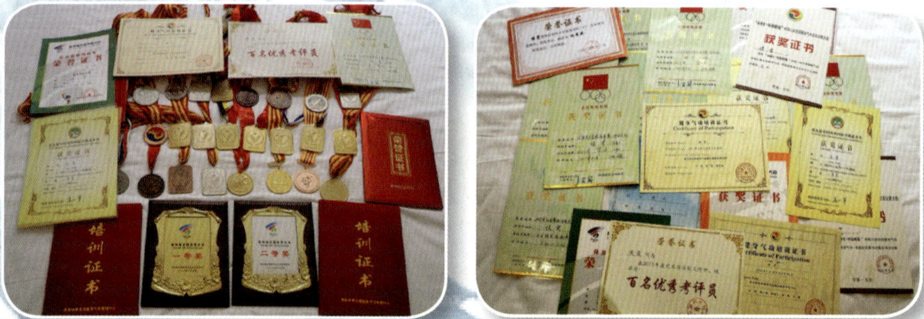

侯雯获奖证书及奖牌

侯雯在格鲁吉亚教授陈式太极拳

侯雯目前从事武术与民族传统体育专业的教学和研究工作，主要研究方向为武术教学与训练、太极拳与养生，并负责全国及省级太极拳项目和健身气功项目的教学、训练、培训及段位制的教学与考评。经常受中国武术协会指派，去法国、冰岛、格鲁吉亚、巴西等国进行武术教学指导与推广活动。

侯雯在美国亚利桑那大学开展初级太极拳培训

四十二式太极拳

四十二式太极拳，由国家体育总局武术研究院于1989年组织编创，是全国太极拳比赛重要的标准套路。此外，四十二式太极拳又是中国武术六段位的考核内容，所以又称“六段位太极拳”。

四十二式太极拳兼采众长，动作以杨式太极拳为主，又引用了不少其他流派的太极拳练法，如陈式太极拳的“掩手肱捶”“野马分鬃”；孙式太极拳的“开合手”“右单鞭”；吴式太极拳的“斜飞式”等。四十二式太极拳严格规范，刚柔并重，舒展大方。

四十二式太极拳的另一个重要特点，是很注重左右动作的均衡性。如起式为“右揽雀尾”，收式为“左揽雀尾”，而传统太极拳一般是偏重一侧的，这样就使布局更合理，结构更严谨，内容更充实，锻炼更全面。

目 录

第一式　起式

【练法】

1.身体自然直立，两脚并拢，两掌轻贴大腿外侧。（图1.1）

2.左脚向左轻轻开步，两脚间距与肩同宽，脚尖向前。（图1.2、图1.3）

3.两掌慢慢向前平举，与肩同高，掌心向下，两臂间距与肩同宽。（图1.4、图1.5）

图 1.1

图 1.2

图 1.3

图 1.4

图 1.5

4.两腿缓缓屈膝半蹲。两掌轻轻下按，落于腹前，掌与膝相对。目视前方。（图1.6、图1.7）

【要点】

1.起式时，立身中正，顶头沉肩，胸腹收松，两臂下垂，两掌贴于大腿外侧。精神集中，呼吸自然，目视前方。

2.开步时，重心起伏不要过大。

3.举臂时提腕，下按时沉腕。

4.屈坐时，弯腿落胯，屈膝、屈髂、敛臀，保持上身中正，屈坐高低因人而异。

5.动作完成时，身体好像端坐在椅子上，两掌轻按在腹前桌子上，重心落于两脚后半部。

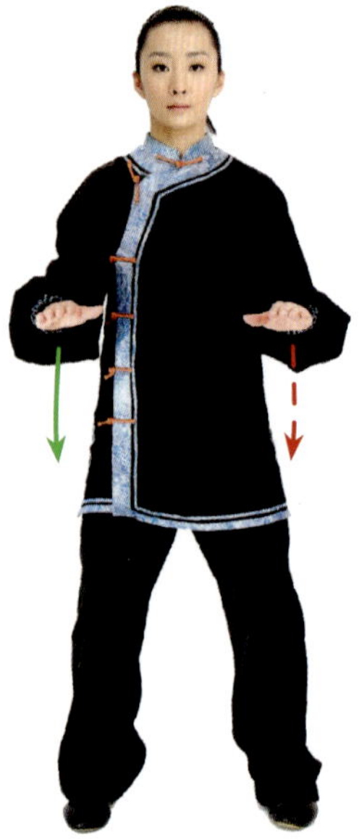

图 1.6

图 1.7

第二式　右揽雀尾

【练法】

1.重心左移，右脚脚尖翘起。上体右转，两掌向两侧分开。（图2.1）

2.右脚脚尖稍外撇，身体微向右转，左脚收于右脚内侧。右臂上抬，屈于胸前，掌心向下；左掌翻转向右画弧至右腹前，掌心向上，与右掌相对。（图2.2、图2.3）

3.上体微左转，左脚向左前上步，脚跟轻轻落地。（图2.4）

图 2.1

图 2.2

图 2.3

图 2.4

4.上体继续左转，重心前移，成左弓步。左臂向前掤出，左掌高与肩平，掌心向内，指尖向右；右掌手向下落于右胯旁，掌心向下，指尖向左。（图2.5、图2.6）

5.上体微左转，右脚收至左脚内侧。左臂内旋，屈于左胸前，左掌翻转向下，与胸同高，指尖向右；右臂向左画弧至左腹前，掌心向上，指尖向左；两掌相对，呈“抱球”状。目视左前方。（图2.7）

6.上体微右转，右脚向右前方轻轻迈出一步，脚跟着地。（图2.8）

图 2.5

图 2.6

图 2.7

图 2.8

7.上体继续右转，重心前移，成右弓步。右臂向前掤出，臂微屈，掌心向内，高与肩平；左掌向左、向下画弧，落于左胯旁，掌心向下。（图2.9、图2.10）

8.上体微右转。右掌翻转，掌心向下；左掌前伸，掌心翻转向上，伸至右臂肘关节处内侧。两臂相距约30厘米。（图2.11）

9.重心后移，上体微左转。双掌向下后捋至腹前。（图2.12）

图 2.9

图 2.10

图 2.11

图 2.12

10.右臂外旋的同时屈肘横于胸前，右掌掌心向内，指尖向左；左臂内旋，左掌掌心转向外，掌指贴附于右腕内侧。（图2.13）

11.重心前移，成右弓步。两掌向前挤出，双臂撑圆。（图2.14）

12.重心后移，上体微右转，右脚脚尖翘起。右臂外旋，右掌掌心翻转向上，自前向右、向后屈肘画平弧至右肩前；左掌搭于右手腕内，随之画弧。（图2.15、图2.16）

图 2.13

图 2.14

图 2.15

图 2.16

13.身体左转，右脚脚尖内扣落地。右掌平旋内收，右臂内旋，右掌旋落至胸前；左掌随之翻转向内，附于右腕侧。（图2.17）

14.右掌向右前方立掌按出，腕高与肩平，掌心向外；左掌随之。上体微右转，左脚内收，成左丁步。（图2.18）

【要点】

1.右抱球时，重心右移，上体右转，右脚脚尖外撇，左脚提收至右踝内侧。左抱球时，重心前移，上体微左转，左脚不动，右脚提收至左踝内侧。

2.上步后重心前移时，后脚跟要随之蹬转成弓步。原地后坐前弓时，后脚不可随意扭动。

3.掤、捋、挤、按与前弓后坐、重心移动应上下相随，协调一致；并与腰部旋转相配合，形成上肢、下肢、躯干完整协调的运动。各种手法要明确。转换时要轻灵，运行时要圆活，终点时要两臂相争，躯干伸拔，显示出沉实的内劲。

4.由挤转按时，两臂由伸而屈，随腰的转动松活地平摆画弧，并相应做内外旋转。

5.丁步按掌要舒展、沉实、稳定，方向为右前方30～45度。

6.本式掤手取自八十八式太极拳，捋、挤采自杨式太极拳，按掌参考吴式太极拳，丁步取于孙式太极拳。

图 2.17

图 2.18

第三式　左单鞭

【练法】

1.上体微左转，左脚向左前方上步，脚跟着地，脚尖向前；同时，右掌变勾，左掌向左画弧至面前。（图3.1）

2.上体继续左转，重心前移，成左弓步。左前臂内旋，左掌翻转向前推出，掌心向前，腕高与肩平。（图3.2）

【要点】

1.上步时，身体微向左转，向左前方上步。

2.推掌时，上体继续左转，与弓步同时完成。

3.弓步方向偏向左前方约30度，后腿蹬转伸直。

4.定式时，两臂沉肩坠肘，不可松软。

图 3.1

图 3.2

第四式　提手

【练法】

1.重心后移，上体右转，左脚脚尖内扣，左掌向右平摆画弧。（图4.1）

2.重心左移，右勾手变掌，左掌稍向左平带。（图4.2）

3.上体微右转，右脚提转。右掌向后收捋，右脚回收至左脚内侧，右手向左肩画弧。（图4.3）

4.右脚斜45度前蹬，脚跟落地，脚尖上翘，成右虚步。右掌成侧立掌举于体前，指尖齐眉；左臂屈收，左掌成侧立掌，合于右肘内侧。（图4.4）

【要点】

1.左臂向右平摆与左屈引，要在转腰、坐腿的带动下完成。

2.两掌相合要与转腰、右脚提落相合。

3.定式时，上体伸展，顶头，沉肩，落胯。两臂半屈成弧撑满，两肘内合，指尖上翘。斜向前方约45度。

图 4.1

图 4.2

图 4.3

图 4.4

第五式　白鹤亮翅

【练法】

1.上体左转，左掌下捋，右掌下落捋掌。重心左移，右脚活步移动。（图5.1、图5.2）

2.右脚脚尖内扣落地。两掌继续向左下方画弧，再翻转抱于左胸前。（图5.3）

3.重心右移，上体右转，两掌边分边举至右肩前。（图5.4、图5.5）

图 5.1

图 5.2

图 5.3

图 5.4

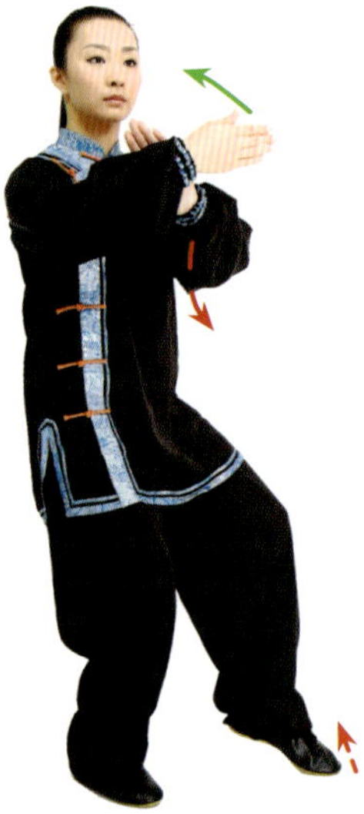

图 5.5

4.上体微左转，左脚稍向内收，成左虚步。左掌由内向外搂膝。（图5.6）

5.左脚脚尖落地。两掌右上左下画弧分开；右掌提至右额前，掌心向内；左掌按于左胯旁，掌心向下；两臂保持弧形。目视前方。（图5.7）

【要点】

1.两掌向下、向左画弧时，要边走边分，然后翻转交错相抱。

2.活步距离不可过大，与抱手同时完成。

3.坐腿分手与转腰相合。

4.腰回转向前与分掌、虚步同时完成。

5.左脚成虚步时，应先以前脚掌为轴扭直，再内收点地。

6.定式时，两掌上提下按，圆满伸展。

图 5.6

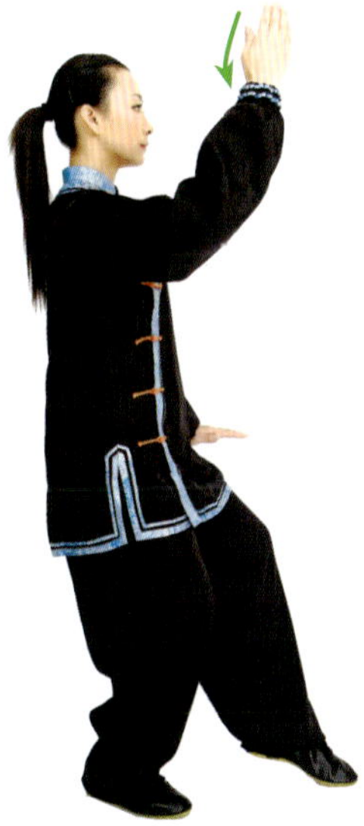

图 5.7

第六式　搂膝拗步

【练法】

1.上体微左转，右掌随之向左画弧自头前下落。（图6.1）

2.上体右转；右掌下落至胯旁，左掌上托，随之右掌向下、向右画弧；左掌向上、向右画弧。（图6.2、图6.3）

3.左脚收至右脚内侧。右掌再向上画弧至右前方，左掌再向下画弧至右肋旁。（图6.4）

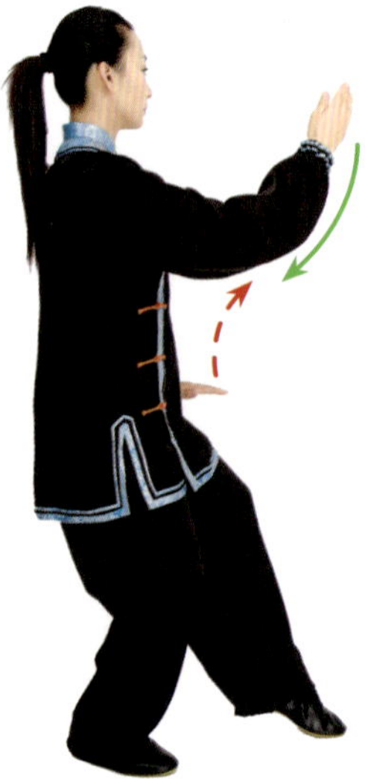

图 6.1

图 6.2

图 6.3

图 6.4

4.上体左转，左脚向前上步，脚跟轻轻落地。右臂屈肘，右掌收至耳旁，掌心斜向前；左掌向下画弧至腹前，掌心向下。（图6.5）

5.重心前移，成左弓步。右掌立掌向前推出，指尖高与鼻平；左掌由左膝前搂过，按于左胯旁，掌心向下。（图6.6、图6.7）

6.重心稍后移，左脚脚尖外撇，上体左转。右掌随之向左画弧，掌心向下；左掌上托，掌心向上。（图6.8）

图 6.5

图 6.6

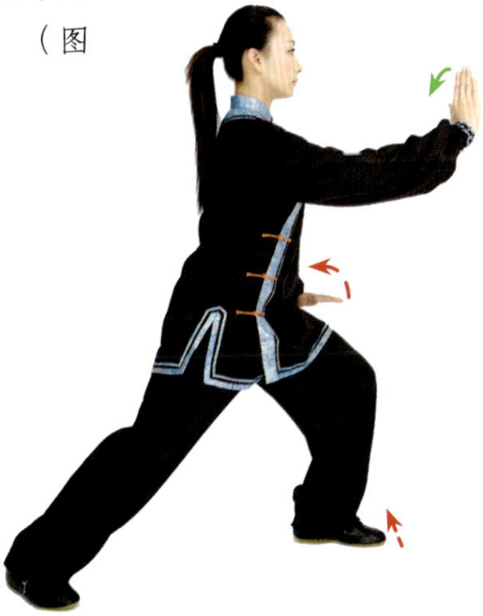

图 6.7

图 6.8

7.左掌向左、向上画弧，举至身体左前方，高与头平；右掌摆至左肋旁。右脚收至左脚内侧。（图6.9、图6.10）

8.上体右转，右脚向前上步。左臂屈肘，左掌收至耳旁，掌心斜向前；右掌向右、向下画弧至腹前。（图6.11）

图 6.9

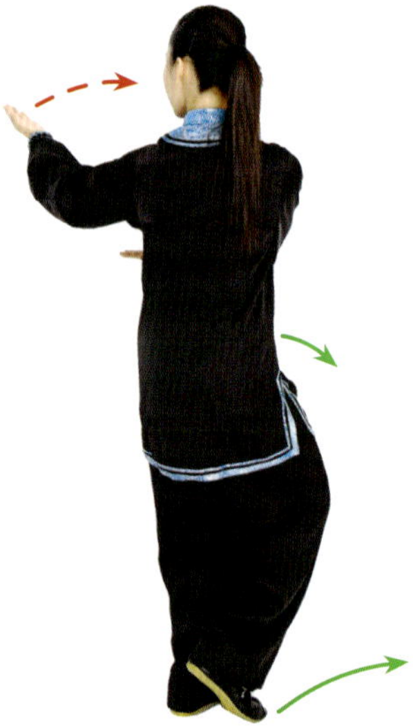

图 6.10

图 6.11

9.重心前移，成右弓步。左掌成立掌向前推出，指尖高与鼻平；右掌由右膝前搂过，按至右胯旁。（图6.12、图6.13）

【要点】

1.转体挥臂幅度不宜过大，右臂不要超过中线。

2.摆臂收脚时，上体右转应大于45度。两臂交错画圆挥摆要舒展灵活，两手摆向右侧偏后约30度。

3.上步前应先转体，向侧前方上步。

4.推掌时，继续转体顺肩，至终点时沉肩、沉肘、沉腕、舒指、推掌、含胸，使手臂保持一定张力内劲。

5.搂掌贴近膝上方画弧，勿过高、过远，最后按于大腿旁。

6.本式弓步为拗弓步，前手、前脚异侧，弓步宽度大约30厘米，以利重心稳定。

7.转体撇脚时，重心稍向后移，移动幅度以有利于脚尖扭转为准。转体、撇脚、后移重心要协调一致。

图 6.12

图 6.13

第七式　撇身捶

【练法】

1.重心稍后移，右脚脚尖外撇，上体右转。左掌向左前伸展，掌心斜向下。（图7.1）

2.重心前移，右脚踏实，左脚收于右脚内侧。右前臂外旋，右掌向右后方画弧；左掌下落，向小腹回收。（图7.2）

3.左手握拳，下落至小腹前；右掌向下、向体前画弧，附于左前臂内侧，掌心向下。（图7.3）

图 7.1

图 7.2

图 7.3

4.上体微左转，左脚向左前方上一步，脚跟着地。左拳上举至面前，右掌随之。（图7.4）

5.重心前移，成左弓步。左拳翻转，向前撇打，拳心斜向上，高与肩平；右掌仍附于左前臂内侧。目视左拳。（图7.5）

【要点】

1.转体分掌与重心后移、脚尖外撇应协调一致，右掌向后分时前臂外旋，掌心转向上。

2.左掌变拳应边落边握，至腹前握拳完成。

3.举拳时，勿扬肘耸肩。

4.弓步撇打方向为右前方45度，拳与头同高。

图 7.4

图 7.5

第八式　捋挤式

【练法】

1.重心稍后移，左脚脚尖内扣，上体右转。左拳变掌，右掌向右前方画一平弧。（图8.1）

2.重心前移，右掌掌心向下，从左臂上方穿出，左臂向内迎合。（图8.2）

3.上体继续右转，右掌由左向右前方画弧平抹，掌心斜向下；左掌落于右肘内侧下方，掌心斜向上。（图8.3）

4.两掌自前向下、向后捋，左掌捋至左胯旁，右掌捋至腹前。右脚收至左脚内侧。（图8.4、图8.5）

图 8.1

图 8.2

图 8.3

图 8.4

5.右脚向右前45度方向上步，脚跟着地。左前臂内旋，右前臂外旋，两掌翻转屈臂上举，收于胸前。（图8.6、图8.7）

6.重心前移，成右弓步。两臂向前挤出，然后撑圆；左掌指贴于右腕内侧，掌心向外，指尖斜向上；右掌掌心向内，指尖向左，高与肩平。（图8.8）

图 8.5

图 8.6

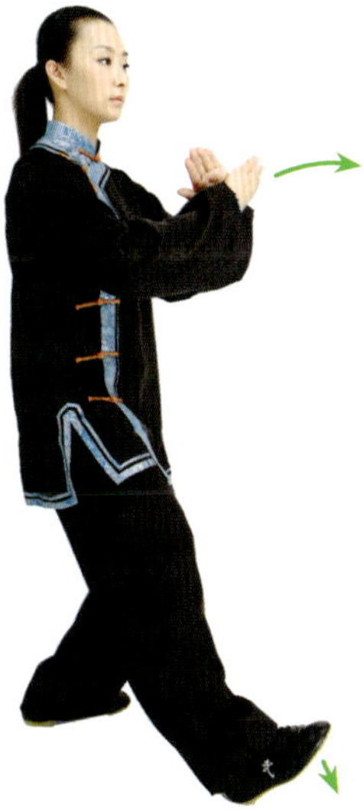

图 8.7

图 8.8

7.重心后移，右脚脚尖内扣，上体左转；左掌下落，掌心向下。（图8.9）

8.右脚落步，左掌自下从右前臂上方穿出，右臂向内迎合画弧。（图8.10）

9.重心前移，上体继续左转。左掌由右向左前方画弧平抹，掌心斜向下；右掌落于左肘内侧下方，掌心斜向上。（图8.11）

10.重心继续前移，两掌自前向下、向后捋，右掌捋至右胯旁，左掌捋至腹前。左脚收至右脚内侧。（图8.12、图8.13）

11.左脚向左前45度方向上步，脚跟着地。右前臂内旋，左前臂外旋，两掌翻转，屈臂上举，收于胸前。（图8.14、图8.15）

图 8.9

图 8.10

图 8.11

图 8.12

图 8.13

图 8.14

图 8.15

12.重心前移，成左弓步。两臂向前挤出，同时撑圆，右掌指贴于左腕内侧，掌心向外，指尖斜向上；左掌掌心向内，指尖向右，高与肩平。（图8.16）

【要点】

1.转体扣脚幅度不要超过45度，后移重心也不宜过大；后手随之稍向后收引画一小弧。

2.抹掌时，后掌自前臂上方穿出，随即弧形平摆至侧前方。弓腿、转腰协调一致。

3.上面两个动作应连贯圆活，腰、腿、手相互配合同时完成。

4.捋手、收脚应配合腰的旋转。

5.搭手时，两臂要旋转，后臂要上举，前臂横屈于胸前，两肘撑开，掌心相对；上步注意与转腰相配合，边转腰边出脚，脚跟落地与转体搭手同时完成。

6.弓步前挤方向为斜前方45度，两臂要撑圆。

图 8.16

第九式　进步搬拦捶

【练法】

1.重心后移，左脚脚尖外撇。上体左转；左掌向下画弧，掌心向上；右掌向右前方伸展，掌心斜向下。（图9.1）

2.左脚踏实，上体左转，重心前移。左掌继续向左画弧，右掌随身前推。（图9.2）

3.右脚收至左脚内侧。左掌向上卷收于体前，掌心向下；右掌变拳，向下画弧收于腹前，拳眼向内。（图9.3）

4.右脚向前上步，脚跟着地，脚尖外撇。右拳随之经左臂内侧向前翻转搬出，定式时拳心向上，高与胸平；左掌顺势按至左胯旁。（图9.4、图9.5）

图9.1

图9.2

图9.3

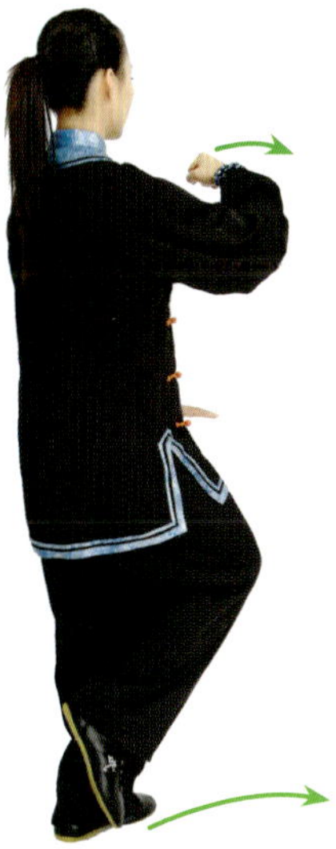

图9.4

图 9.5

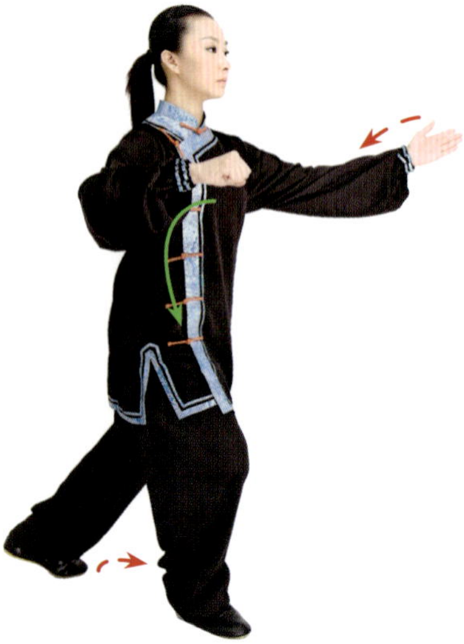

图 9.6

图 9.7

图 9.8

5.重心前移，上体右转。右拳外翻向右画弧至体侧，拳心向下；左掌向右平拦。（图9.6）

6.左脚经右脚内侧向前上一步，脚跟落地。右拳画弧收至右腰间，拳心向上；左前臂外旋，左掌拦至体前，指尖向上。目视左掌。（图9.7）

7.重心前移，成左弓步。右拳向前打出，拳眼转向上，高与胸齐；左掌收于右前臂内侧。（图9.8、图9.9）

【要点】

1.分掌时，两掌立圆对称画弧，动作要舒展圆活。

2.握拳时，右掌边落边握拳，拳心向下。

3.搬拳高与胸齐；左脚上步时脚尖外撇，脚跟轻着地，膝关节微屈。

4.右拳屈收时，上体右转，前臂内旋，拳心转向下，经身体右侧画弧，再外旋收至腰间，拳心转向上。

5.拦掌时，左臂外旋，左掌经左向前画弧，至体前内旋，掌心转向侧下方。

6.打拳后，右肩略偏前，沉肩沉肘，顶头含胸，上体伸展。

7.弓步宽度约为20厘米。

图 9.9

第十式 如封似闭

【练法】

1.左掌从右前臂下穿出，掌心向上；右拳随之变掌，掌心也转向上。（图10.1）

2.两掌平分，与肩同宽，掌心向上。（图10.2、图10.3）

图 10.1

图 10.2

图 10.3

图 10.4

3.上体后坐，重心后移，左脚脚尖上翘。两掌收至胸前，与肩同宽，掌心斜相对，再向下按掌至腹前。（图10.4、图10.5）

4.重心前移，右脚收至左脚侧后方，两脚相距约10厘米，成右丁步。两掌向前、向上推按，与肩同宽，掌心向前，腕高与肩平。（图10.6~图10.9）

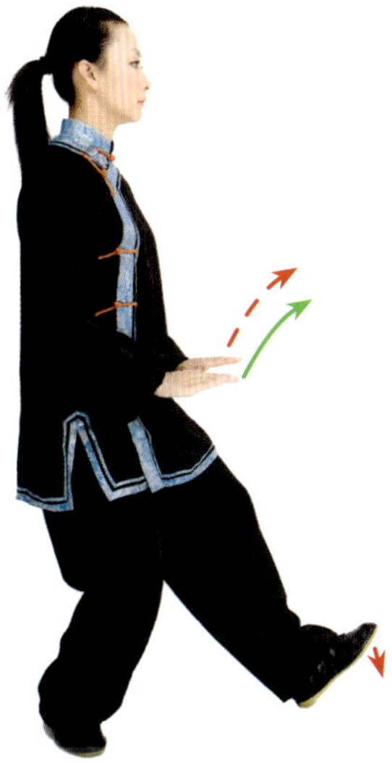

图 10.5

图 10.6

图 10.7

【要点】

1.穿掌后，两掌交错，掌心转向上。

2.向后引化时，两臂边屈边收边内旋，两掌翻转分开，经胸前收至腹前。

3.重心后移要充分，屈腿落胯，膝、髋关节松活；上体保持中正自然。

4.按掌时，重心前移，随之收右脚；右脚前脚掌落于左脚侧后方，脚尖斜向前。

5.定式时，上体、两臂皆要伸张舒展。

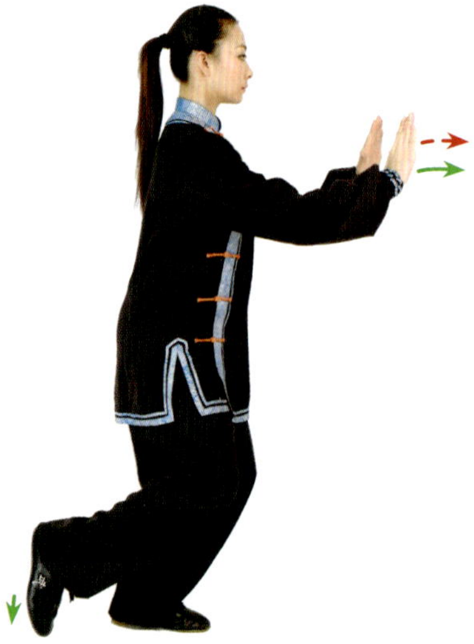

图 10.8

图 10.9

第十一式　开合手

【练法】

1.以右脚掌和左脚跟为轴，依次右转。（图11.1）

2.两脚踏实。两掌翻转，掌心相对，再向左右分开，与肩同宽，指尖向上，屈收至胸前。（图11.2、图11.3）

3.重心移向左腿，右脚脚跟提起；同时，两掌相合，与头同宽，掌心相对。目视前方。（图11.4）

图 11.1

图 11.2

【要点】

1.转身时，右脚脚跟内转落实，然后左脚脚尖内转90度，上体右转，两脚平行成并步。

2.开手时，两手先屈收胸前，立掌相对，与头同宽，然后左右分开。整个过程与转体一同完成。

3.合手时，沉腕舒掌，掌心相对；胸部微缩，呼气。

图 11.3

图 11.4

第十二式　右单鞭

【练法】

1.右脚向右横开，脚跟着地。两臂内旋，两掌虎口相对，掌心向外。（图12.1）

2.重心右移，成横裆步（右侧弓步）。两掌向左右分开，平举于身体两侧，掌心转向外，掌指向上。（图12.2）

【要点】

1.向右转体约30度，两臂微伸，掌心转向前。

2.开步要轻灵，脚跟先着地。

3.分掌时，两臂由屈而伸，掌心转向外。

4.横裆步时，上体勿扭转。

图 12.1

图 12.2

第十三式　肘底捶

【练法】

1.重心左移，右脚脚尖内扣。上体稍左转，右前臂外旋，掌心转向上，右掌向内掩裹画弧至右肩前；左掌向左、向下画弧。（图13.1）

2.重心右移，上体右转，左脚收至右脚内侧。右掌翻转屈收至右胸前，掌心向下；左前臂外旋，左掌掌心转向上，经腹前向右画弧，与右掌上下相对，两臂相抱，呈“抱球”状。（图13.2、图13.3）

3.上体左转，左脚向左前方摆脚上步，脚跟着地，脚尖外撇。左掌经右前臂下向上、向左画弧，掌心向内，与头同高；右掌经左胸前画弧下落至右胯旁。（图13.4）

图 13.1

图 13.2

图 13.3

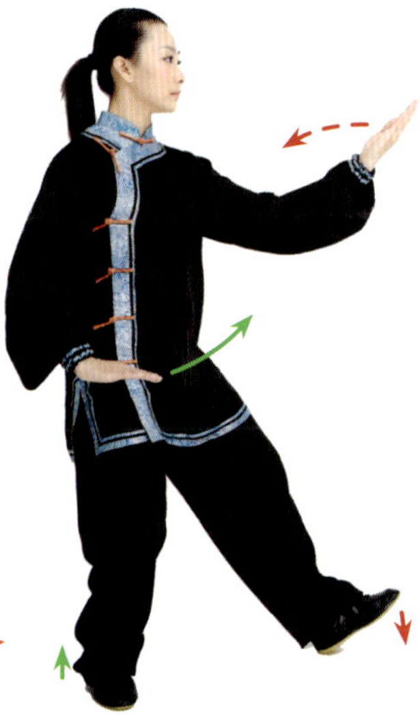

图 13.4

4.上体继续左转，重心前移，右脚前跟半步。左臂内旋，掌心转向外，左掌向左、向下画弧至身体左侧；右臂外旋，右掌向左、向前画弧至体前，高与头齐，掌心斜向上。（图13.5、图13.6）

5.重心移至右腿，右脚踏实，左脚提起，准备进步。左掌收经左腰成侧立掌，至右腕内侧；右掌左拦握拳，拳心向内。（图13.7）

6.左脚向前进步，脚跟着地，脚尖上翘，成左虚步。左掌经右腕上向前劈出，指尖高与眉齐；右拳收至左肘内侧下方，拳眼向上。（图13.8）

【要点】

1.整个动作要连贯，腰部要旋转带动两掌。

2.垫步时，应转体向前垫步。

3.捋手时，右臂外旋前摆，再内旋握成立拳，拳眼向上。

4.劈掌时，左掌外旋收至腰间，掌心向上，再内旋成侧立掌前劈；腰部要轻轻右左旋转。

图 13.5

图 13.6

图 13.7

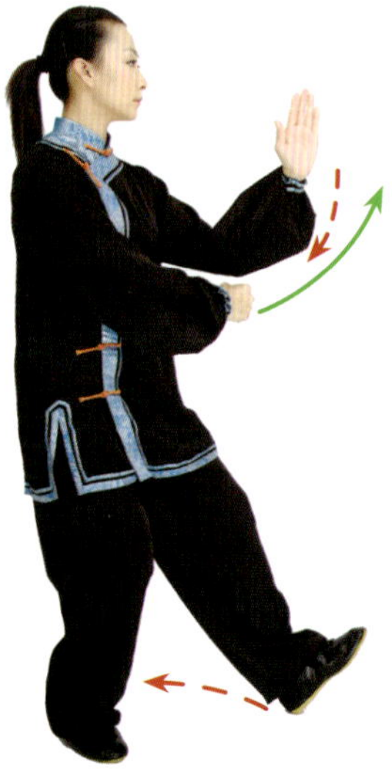

图 13.8

第十四式　转身推掌

【练法】

1.左脚撤至右脚后，前脚掌着地。右拳变掌上举，腕高与肩平，掌心向上；左掌翻转下落，掌心向下。（图14.1）

2.以右脚跟、左脚掌为轴，向左转身约90度，转身后重心仍移至右腿。右掌稍卷收，左掌稍下落。（图14.2、图14.3）

3.左脚向前偏左上步，脚跟落地。右掌屈收至右耳侧，掌心斜向前下方；左掌向左下画弧。（图14.4、图14.5）

图 14.1

图 14.2

图 14.3

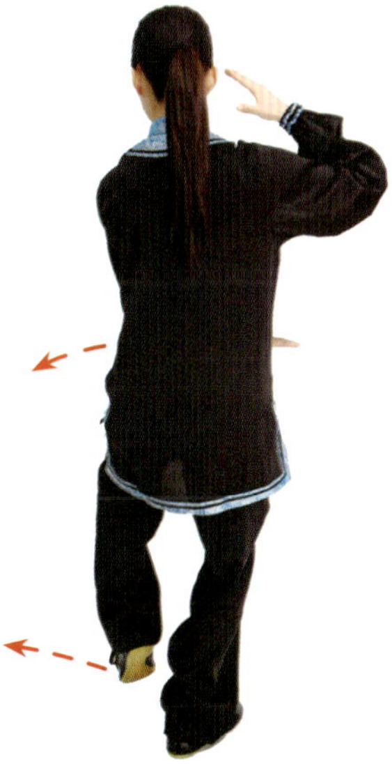

图 14.4

4.重心前移，转腰顺肩，右脚收至左脚内侧后方，前脚掌着地，成右丁步。右掌顺势向前推出，掌心向前，指尖与鼻尖相对；左掌经左膝上搂过，按于左胯旁。（图14.6）

5.以左脚脚跟、右脚脚掌为轴，向右后转身，重心仍移至左腿。左臂外旋，向左前方上举，掌心向上，高与头平；右掌下落至左胸前，掌心向下。（图14.7、图14.8）

图 14.5

图 14.6

图 14.7

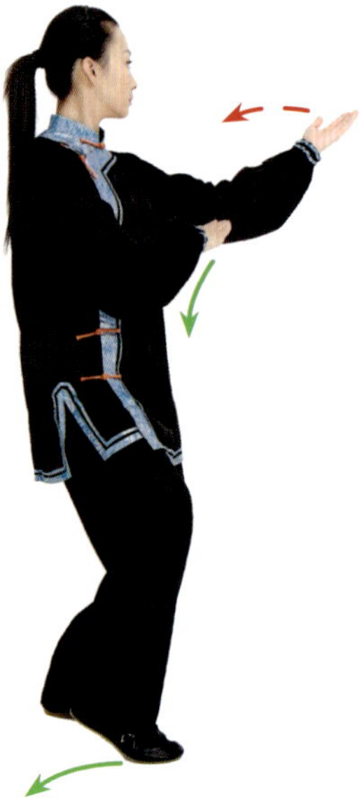

图 14.8

6.右脚向前偏右上步，脚跟着地。左掌卷收至左耳侧，掌心斜向前下；右掌下落至腹前。（图14.9）

7.重心前移，转腰顺肩，左脚收至右脚内侧后方，成左丁步。左掌顺势向前推出，掌心向前，指尖与鼻尖相对；右掌经右膝上搂过，按至右胯旁。目视前方。（图14.10、图14.11）

图 14.9

图 14.10

【要点】

1.本式取自孙式太极拳中的“倒卷肱”。转身上步方向应为侧前方，行进路线呈“之”字形。

2.碾转步时，前脚以脚跟为轴，后脚以前脚掌为轴，依次转动。重心在两脚间可适度移动，但不宜过大。

3.收掌时，屈臂卷肱，不要屈腕卷掌。

4.推掌方向向前，与上式臂掌方向成90度。下手搂膝停至胯旁，不要过高、过远。

5.转身、上步要轻灵连贯。

6.收脚跟步与推掌同时完成，跟步脚收至支撑脚侧后方约20厘米处。

图 14.11

第十五式　玉女穿梭

【练法】

1.上体右转，左脚向左斜后45度上步，脚跟落地，重心移至左腿。左臂外旋，左掌向右画弧至右胸前，掌心转向上。（图15.1）

2.上体继续右转；右掌经左前臂上方向前伸探至体前，掌心斜向下，腕与肩平；左掌下落。（图15.2）

3.上体左转，重心移至左腿，右脚收至左脚内侧，脚尖点地。两掌同时自前向下、向后捋，左掌捋至左胯旁，右掌捋至腹前。（图15.3）

4.右脚向右前方上步，脚跟着地。两前臂旋转，两掌上举，合于胸前；右掌掌心向内，指尖向左；左掌掌心向外，掌指附于右腕内侧。（图15.4、图15.5）

图 15.1

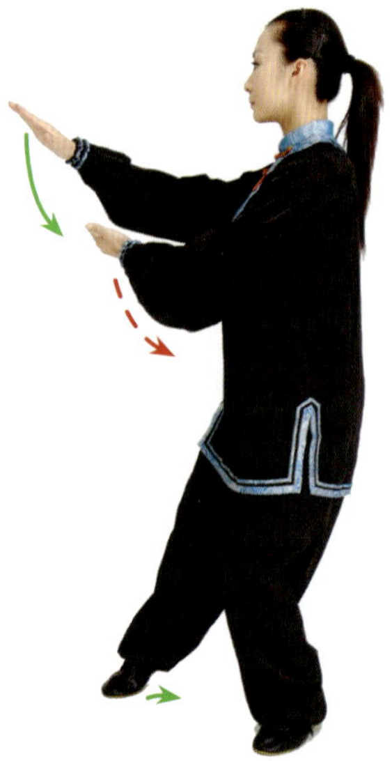

图 15.2

图 15.3

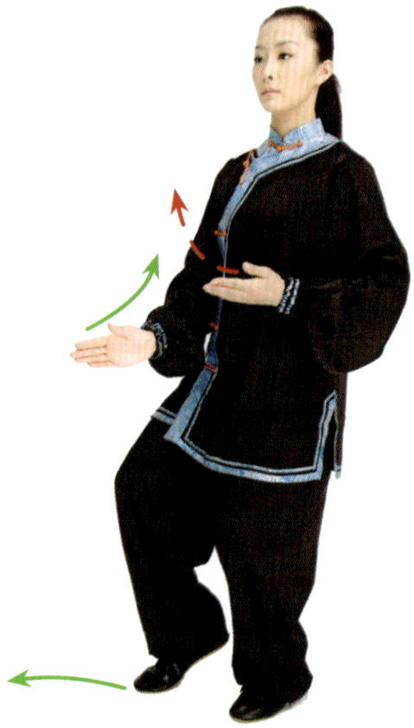

图 15.4

5.重心前移，上体右转，左脚跟步落至右脚内侧后方，前脚掌着地。右掌自左向前画平弧，掌心转向上；左掌附于右掌内侧随之转动。（图15.6）

6.重心后移，左脚落实，上体左转，右脚再向右前方上一步，脚跟着地。右掌屈肘内旋向右、向后画平弧，旋腕至右肩前上方，掌心斜向上；左掌随之画弧后收于左腰际。（图15.7、图15.8）

图 15.5

图 15.6

图 15.7

图 15.8

7.重心前移，成右弓步。上体右转；右掌上架于右额前上方，掌心斜向上；左掌按至体前，掌心向前，指尖向上。（图15.9）

8.重心后移，右脚脚尖内扣抬起。上体左转；右前臂外旋，右掌翻转下落于体前，掌心向上，右腕与肩平；左掌向右画弧后收至右肘内侧，掌心向下。（图15.10）

9.重心前移，右脚落实。上体继续左转；左掌从右前臂上方穿出，并自右向左画弧抹掌；右掌收至左肘内侧下方；两掌掌心上下斜相对。（图15.11、图15.12）

图 15.9

图 15.10

图 15.11

图 15.12

10.上体右转，左脚收至右脚内侧。两掌自前向下、向后捋，右掌捋至右胯旁，左掌捋至腹前。（图15.13）

11.左脚向左前方上步，脚跟着地。两前臂旋转，两掌上举，合于胸前。左掌掌心向内，指尖向右；右掌掌心向外，掌指附于左腕内侧。（图15.14、图15.15）

12.重心前移，上体左转，右脚跟步落至左脚内侧后方，前脚掌着地。左掌自左向前画平弧，掌心转向上；右掌附于左掌内侧随之转动。（图15.16）

图 15.13

图 15.14

图 15.15

图 15.16

4.右脚收至左脚内侧。右掌向下、向左再向上画弧，左掌向左、向上再向右画弧，至胸前两腕交叠；两掌交错合抱，右掌在外，掌心均向内。（图16.5、图16.6）

5.右腿屈膝提起，右脚向右前方慢慢蹬出，脚尖上勾。两掌分别向右前方和左方画弧分开，掌心向外，腕与肩平；两臂伸展，两肘微屈，右臂与右腿上下相对。（图16.7、图16.8）

图 16.5

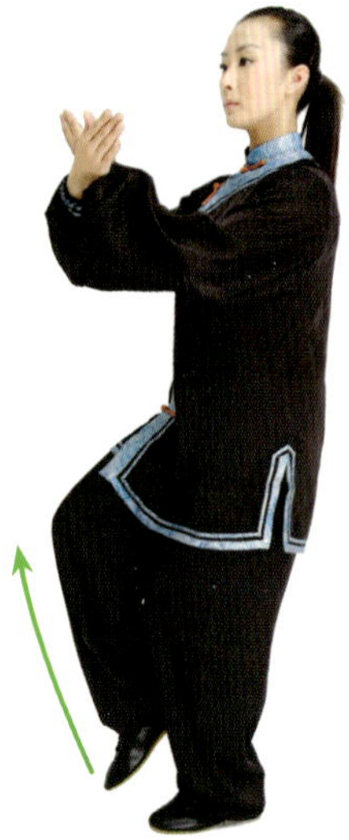

图 16.6

图 16.7

图 16.8

6.右腿屈收，右脚向右前方落下，脚跟着地。右前臂内旋，右掌掌心转向上；左掌下落，经腰间向前、向上画弧至右肘内侧，掌心向下。（图16.9、图16.10）

7.重心前移，右脚落实。上体右转；左掌从右前臂上方穿出向上、向左画弧；右掌向下、向右画弧。（图16.11、图16.12）

图 16.9

图 16.10

图 16.11

图 16.12

8.上体右转，重心前移，左脚内收。左掌向下、向右再向上画弧；右掌向右、向上画弧。（图16.13、图16.14）

9.两掌画弧至胸前，两腕交叠，两掌交错合抱，左掌在外，掌心均向内。左腿屈膝提起。（图16.15）

10.左脚向左前方慢慢蹬出，脚尖上勾。两掌分别向左前方和右方画弧分开，掌心向外，腕高与肩平；两臂伸展，两肘微屈，左臂与左腿上下相对。（图16.16）

图 16.13

图 16.14

【要点】

1.本式分掌有两种方式：一为两掌交错同向画立圆，二为两掌对称反向画立圆。两种分掌皆要舒展圆活，与转腰、旋臂相结合。举手高不过头。前掌分掌方向与蹬脚方向大体相同，为斜前方30~45度。

2.抱掌时，两臂要圆满外撑。

3.蹬脚时，上体保持端正，沉肩含胸，两臂舒展，掌心皆向外，指尖向上。

4.右蹬脚后，上步方向与蹬脚方向相同，两脚保持适当（约20厘米）宽度。穿掌时，右掌翻转向上，左掌下落与前穿保持掌心向下。

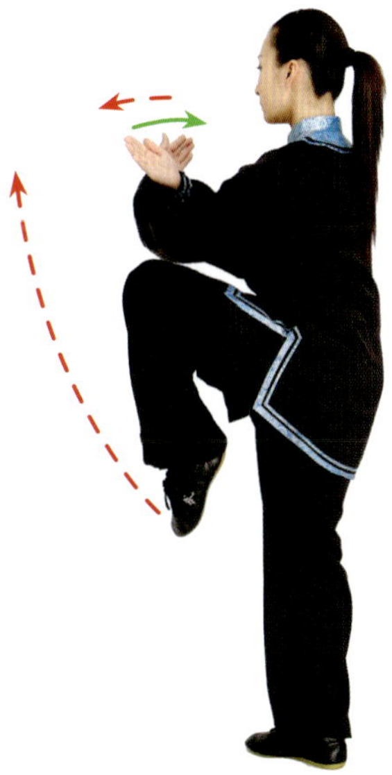

图 16.15

图 16.16

第十七式　掩手肱捶

【练法】

1.左小腿屈收下落，左脚落于右脚内侧。两臂外旋，两掌掩合于胸前，与头同宽，掌心向内。（图17.1、图17.2）

2.左脚脚尖上翘，脚跟擦地向左开步，上体稍右转。两臂内旋，两掌翻转下落，上下交错相叠于小腹右侧，左掌压于右掌背上，掌心均向下。（图17.3、图17.3附图）

图 17.1

图 17.2

图 17.3

图 17.3 附图

3.上体转正，重心左移于两腿之间。两掌向两侧分开，高与肩平，前臂内旋，掌心转向外。（图17.4）

4.重心右移，上体稍右转。两臂外旋，肘关节内合；左掌摆至体前，掌心向上，高与肩平；右掌变拳，屈臂合于腹前，拳心向上。（图17.5）

图 17.4

图 17.5

5.重心左移，上体左转，成左弓步。右拳旋转向前方冲打，拳心转向下；左掌后收，掌心贴于左腹部。（图17.6、图17.7）

【要点】

1.收脚、合脚时，左脚不落地，两掌合于胸前，掌心转向内，与头同宽。

2.擦步时，左脚脚跟内侧贴地侧伸，由轻而重，上体右转，重心稍降，两掌交叠下按。

3.展体分掌时，上体舒松转正，重心稍升，两臂放松向两侧平举。

4.掩手蓄力时，重心右移成偏马步，上体右转，缩胸弓背，合肘翻掌，两臂外旋拧劲。左臂伸于体前，左掌拢指凸掌，虎口张开。右臂屈肘夹肋，右手握拳向上翻拧，合于左肘内侧。全身紧缩，蓄力待发。

5.弓步冲拳时，突然加速向左转腰蹬腿，上体伸展，右拳抖弹向斜前方冲出。动作快速，周身完整，气力合一。冲拳后，右臂、右拳放松，肘关节伸直，力在拳面，高与肩平，拳心转向下。左掌收于腹部，四指向右，拇指向上。两脚随转腰蹬腿，突然碾转，左脚脚尖稍外撇，右脚脚跟稍后展，成“川”字弓步。

图 17.6

图 17.7

第十八式　野马分鬃

【练法】

1.上体左转。右拳变掌向下画弧至腹前，掌心向下；左掌以拇指为轴，四指顺时针方向向下转动。（图18.1）

2.重心右移，上体右转。右臂内旋，右掌翻转向外，并向上、向右画弧，屈臂置于右肩前，拇指向下，其他四指指尖向左；左臂外旋，掌心转向内，掌指背贴于右前臂内侧，随之画弧，两臂撑圆。（图18.2）

3.重心左移，上体左转。右臂外旋，左臂内旋，两掌成横掌，掌心向左前方，指尖向外，横挒于腹前，腰腹弹性发力。（图18.3）

4.重心右移，腰向右回转。两掌向右画弧，两掌掌心斜向下，右掌在前，高与肩平。（图18.4）

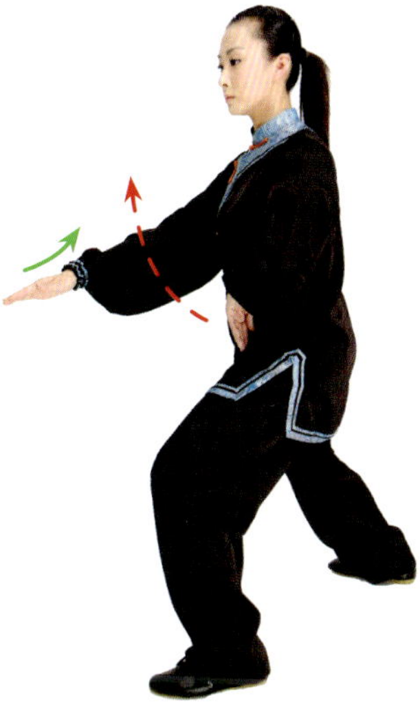

图 18.1

图 18.2

图 18.3

图 18.4

5.重心后移，左腿屈膝提起。同时左臂外旋，左掌向左、向下、向右再向前上画弧翻转，掌心向上托于左膝上方；右掌向下、向右上画弧横于体侧，掌心向外。（图18.5）

6.左脚向前上步，脚跟着地，重心前移，成左弓步。左掌向前穿靠，掌心向上，指尖向前；右腕高与肩平。（图18.6、图18.7）

图 18.5

图 18.6

图 18.7

7.重心后移，左脚脚尖外摆；重心前移，上体左转，成左弓步。左臂内旋，左掌掌心翻转向外，屈臂外撑；右掌稍下落内收。（图18.8、图18.9）

8.重心前移，上体左转，右腿屈膝向前提收。右掌向下画弧，经体侧前举，上托于右膝上方，掌心向上；左掌横摆于体侧，掌心向外，指尖斜向上。（图18.10）

9.右脚向前上步，脚跟着地，重心前移，成右弓步。右掌向前穿靠，掌心向上，指尖向前，腕高与肩平；左掌撑至身体左侧，掌心向外，指尖斜向上，腕高与肩平。（图18.11、图18.12）

图 18.8

图 18.9

图 18.10

【要点】

1.冲拳后，上体稍放松，右腕及腰相应向右转一小弧，然后上体左转，右拳变掌绕指屈腕，虎口张开。前臂外旋，向下画弧。左手贴腹，向下屈腕转指。同时腰肌、腹肌左侧上提，右侧下降，腰、腹、臂皆处于扭转缠绕状态。

2.撑臂绕手时，左臂外旋，掌背贴住右腕，小指向上拧劲。右臂翻转内旋，屈臂外撑；右掌横于右肩前，拇指根用力向下拧转，其余四指并拢伸直。右脚脚跟稍内转，向右拧腰，沉肩、含胸、吸气。

3.挒掌时，上体左转，两掌换向拧转，向下画弧横于腹前，左前臂和右后臂屈收贴近上体，腰肌、腹肌向左扭转发力；随之重心稍下降，伴以短促呼气，周身动作一瞬间缠紧停顿。

4.挒掌以后，腰、腹、臂放松，身体弹性缓解，上体折迭回旋，再继续向左转腰摆掌。这种由劲力紧松造成的弹性往复和动作断续称为折迭。

5.提脚时，脚尖勿翘、勿拖，脚收于支撑腿腓骨前，支撑腿半屈。

6.上步时，前臂稍向后收引。

7.穿靠时，前臂外旋前伸，四指并排向前，拇指外张；后臂内旋，平举于身体侧后方，屈腕横掌外撑，掌心向外。

图 18.11

图 18.12

第十九式　云手

【练法】

1.重心左移，右脚脚尖内扣。上体左转；右前臂内旋，右掌翘腕右旋，向左摆至右肩前；左掌稍向左撑，掌心斜向左。（图19.1、图19.2）

2.重心右移，上体右转，左脚脚跟随之碾动。右掌翻转向外，横掌右摆至身体右侧，腕与肩平；左掌自左向下，经腹前向右画弧，掌心随之翻转向上。（图19.3）

3.重心左移，上体左转。左掌掌心向内，自右向上、向左，经面前画弧云转，指尖与眉尖同高；右掌向下经腹前向左画弧云转至右腹，掌心由外转向内。（图19.4、图19.5）

图 19.1

图 19.2

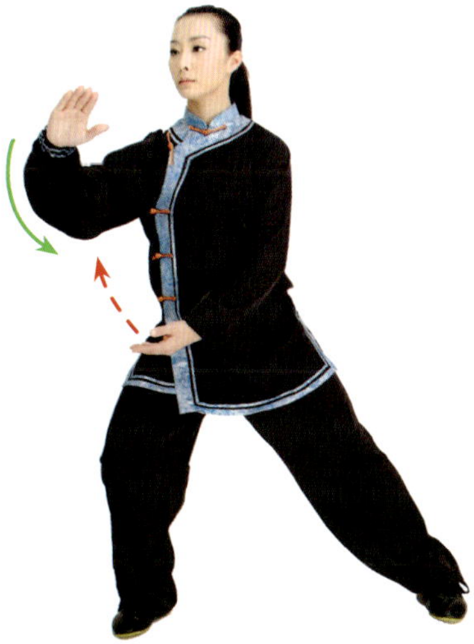

图 19.3

图 19.4

4.上体继续左转，右脚收于左脚内侧落地，两脚平行向前，相距10～20厘米。两掌云至身体左侧逐渐翻转；左掌掌心转向外；右掌云至左肘内侧，掌心转向内。（图19.6、图19.7）

5.重心右移，上体右转，左脚向左侧开步，脚尖向前。右掌自左经面前向右画弧云转，指尖与眉尖同高；左掌向下经腹前向右画弧云转。（图19.8）

图 19.5

图 19.6

图 19.7

图 19.8

6. 重心左移，上体左转。左掌掌心向内，自右向上、向左，经面前画弧云转，指尖与眉尖同高；右掌向下经腹前向左画弧云转，掌心由外转向内。（图19.9、图19.10）

7.上体继续左转，右脚收于左脚内侧落地，两脚平行向前，相距10～20厘米。两掌云至身体左侧逐渐翻转；左掌掌心转向外；右掌云至左肘内侧，掌心转向内。（图19.11、图19.12）

图 19.9

图 19.10

图 19.11

图 19.12

8．重心右移，上体右转。左脚向左侧开步，脚尖向前。右掌自左经面前向右画弧云转，指尖与眉尖同高；左掌向下经腹前向右画弧云转。（图19.13）

9．重心左移，上体左转。左掌掌心向内，自右向上、向左，经面前画弧云转，指尖与眉尖同高；右掌向下经腹前向左画弧云转，掌心由外转向内。（图19.14、图19.15）

10．上体继续左转，右脚收于左脚内侧落地，脚尖内扣约45度。两掌云至身体左侧逐渐翻转，左掌掌心转向外；右掌云至左肘内侧，掌心转向内。（图19.16、图19.17）

图 19.13

图 19.14

图 19.15

图 19.16

【要点】

1.左摆掌时，屈腕松掌，以腰带臂，摆掌幅度约45度。

2.转体翻掌时，右掌沉腕画一小弧，前臂内旋，右掌翻转向外，横掌右摆，至体侧时再沉腕转成立掌。同时左脚脚跟稍内转，脚尖正向体前。

3.云手时，以腰带臂，腰领手随。两臂保持半屈，两掌交错立圆画弧。上掌不高于头，下掌不低于裆。

4.开步、并步时，脚移动要轻灵柔缓，前脚掌先落地，再随重心移动踏实全脚。重心要保持平稳，身体勿起伏、摇晃。并步后，两脚成小开步。

5.翻掌勿突然。云手经过体前以后逐渐旋臂翻掌，与移脚同时完成。腰、手、脚要协调一致。

6.最后一次并步收脚后，前脚掌内扣落地。

图 19.17

第二十式　独立打虎

【练法】

1.重心右移，左脚向身后撤一步，右腿屈膝前弓。左掌掌心翻转向上、向下画弧，收于腹前；右掌掌心翻转向下，经左臂上方穿出，向前伸探至体前，腕高与肩平。（图20.1、图20.2）

2.重心左移，上体左转，右脚脚尖内扣。左掌经腹前向左画弧至体侧。（图20.3、图20.4）

图 20.1

图 20.2

图 20.3

3.两掌逐渐握拳，左拳经体侧屈臂上举至左额前上方，拳心向外，拳眼斜向下；右拳屈臂收于左胸前，拳心向内，拳眼向上。左腿微屈站稳，右腿屈膝提起，右脚收至裆前，脚尖上翘，并内扣。目视前方。（图20.5）

【要点】

1.左脚向右后方撤步成斜向弓步，方向约45度。

2.提脚独立时，重心后移，右脚脚尖上翘，右腿先上举后屈膝，右脚画一弧形盘收于裆前。同时两拳在向下画弧中分开。

3.独立步取自吴式太极拳。大腿高提，膝关节外展，小腿内盘，脚尖上翘，大腿、小腿折收角度约90度。

4.分手时，上体左转，架举时向右回转。

5.定式时，上体伸展，斜向前方。左拳架于左额前上方，右拳屈收于体侧，距左肋约一拳宽，两拳拳眼上下相对；两臂半屈撑满；头转看前方。

图 20.4

图 20.5

第二十一式　右分脚

【练法】

1.上体微右转，左脚内收，脚尖下垂。两拳变掌叠抱于胸前，右掌在外，掌心皆向内。目视右前方。（图21.1）

2.右脚脚面展平，脚尖向右前方慢慢踢出，高过腰部。两掌同时向右前方和左方画弧分开，掌心皆向外，指尖向上，腕高与肩平；两臂撑举，肘关节微屈，右臂与右腿上下相对。（图21.2）

【要点】

1.抱掌时，两臂环抱，两掌斜交错，右掌在外，腕高与肩平。分掌时，前臂内旋，两掌翻转向外，弧形分展，弧顶高不过头。两臂微屈，分展角度约135度。肩、肘、腕皆下沉，胸内含。

2.分脚方向为斜前方30度，右手与右脚方向相合。

3.定式时，上体与两臂皆要舒展伸拔，重心稍上升，保持稳定。

图 21.1

图 21.2

第二十二式　双峰贯耳

【练法】

1.右腿屈膝，小腿回收，脚尖下垂。两臂屈肘外旋，在胸前相合，两掌经面前画弧平行下落于右膝上方，掌心翻向上。（图22.1、图22.2）

2.右脚向前落步，脚跟着地。两掌分落于腰侧。（图22.3）

图 22.1

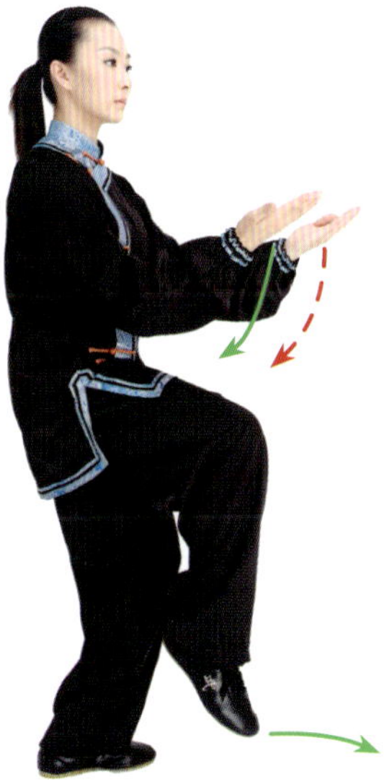

图 22.2

图 22.3

3.重心前移，成右弓步。两掌逐渐握拳，同时经两侧向前上方画弧贯打，高与耳齐，与头同宽，拳眼斜向下，两臂半屈成钳形。目视前方。（图22.4、图22.5）

【要点】

1.收脚时，小腿屈收，大腿仍要稳住；两掌翻转相并，相距约10厘米。

2.落脚时，支撑腿屈蹲，重心下降，右脚下落经左踝内侧上步，脚跟轻轻着地。

3.贯拳方向与右分脚相同，斜向前方约30度。两臂半屈成弧，两拳钳形相对，高与头平，与头同宽。

图 22.4

图 22.5

第二十三式　左分脚

【练法】

1.重心后移，右脚脚尖外撇，上体右转。两拳变掌，左右分开，掌心皆向外。（图23.1）

2.重心前移，左腿屈膝上提，上体稍左转。两掌从左右两侧向下、向内画弧，至腹前相交并举抱于胸前，左掌在外，掌心皆向内。（图23.2、图23.3）

图 23.1

图 23.2

图 23.3

3.右腿微屈站稳，左腿屈膝提起，左脚脚尖向左前上方慢慢踢出，脚面展平。两掌向左前和右方画弧分开，掌心向外，腕高与肩平。两臂撑举，肘关节微屈，左臂与左腿上下相对。（图23.4、图23.5）

【要点】

1.转体、后移重心、右脚脚尖外撇三者要协调一致，并与分手相配合。

2.分脚方向为行进前方（与起式方向成90度）。

3.抱掌时，左掌在外。

图 23.4

图 23.5

第二十四式　转身拍脚

【练法】

1.左腿屈收下落，上体右转，双掌自然下落。头随上体转动。（图24.1、图24.2）

2.身体以右脚脚掌为轴，顺势向右后转身，左脚脚尖随转体内扣落地。两掌从两侧向腹前画弧下落，前臂外旋，掌心斜相对。头随上体转动。（图24.3）

3.重心左移，身体继续向右后转（侧对上式左分脚方向），右脚随之转正，脚尖点地。两掌交错，右掌在外，举抱于胸前。（图24.4、图24.5）

图 24.1

图 24.2

图 24.3

图 24.4

4.左腿支撑，右脚向上踢摆，脚面展平。两前臂内旋，掌心转向外，右掌向前击拍右脚面，高与头齐；左掌向后画弧分开，平举于身体左侧，腕高与肩平。（图24.6、图24.7）

【要点】

1.落脚与转身同时进行，两掌随之下落，交错于腹前，以利身体顺势转动。

2.落脚时，脚尖内扣，前脚掌先落地，然后全脚踏实，重心移向左腿，右脚脚跟提起碾转。

3.分掌、踢脚同时进行，右掌迎拍右脚面。

图 24.5

图 24.6

图 24.7

第二十五式　进步栽捶

【练法】

1.左腿屈膝，右腿屈收。双掌自然下落，掌心向下，高与肩平。(图25.1)

2.右脚前落，脚尖外撇，上体右转，重心前移。两前臂外旋，左掌向上、向右画弧，掌心转向右；右掌翻转下落至腰间。头随上体转动。（图25.2、图25.3）

3.上体继续右转，右掌继续自下而上画弧至右后方，左掌经头前画弧至右肋。（图25.4）

图 25.1

图 25.2

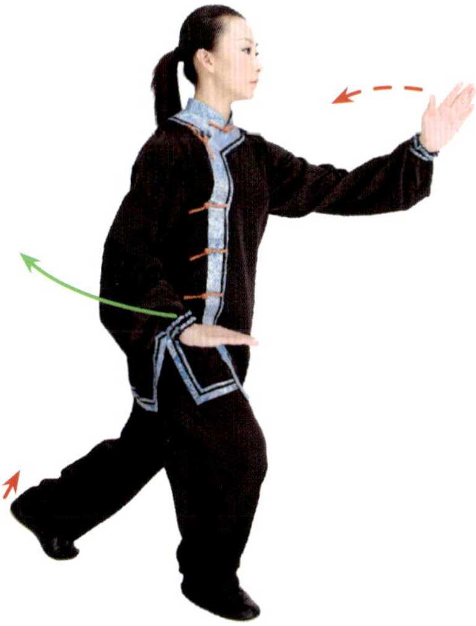

图 25.3

图 25.4

4.左脚向前上步，脚跟着地，上体稍左转。右掌向右、向上画弧，屈肘握拳收于右耳侧，拳心向下；左掌向下画弧落于腹前。（图25.5）

5.上体左转，稍向前俯身，重心前移，成左弓步。右拳向前下方打出，高与腹平，拳面向前下方，拳眼向左；左拳自左膝上方搂过，按于左胯旁。（图25.6）

【要点】

1.落脚时，先屈收小腿，提住大腿，然后支撑腿弯曲，右脚前落上步，脚跟着地，脚尖外撇。

2.两臂交错摆动同搂膝拗步式。

3.握拳时，边屈臂边握拳，收于头侧，拳眼向内，拳心向下。

4.栽拳时，右肩略偏前，拳略高于膝，上体前倾不超过45度，保持舒展。弓步宽约20厘米。

图 25.5

图 25.6

第二十六式　斜飞式

【练法】

1.重心后移，左脚脚尖外撇，上体左转。右拳变掌向上、向右画弧，掌心向下；左掌向左画弧，两掌分开。（图26.1）

2.左脚落地，重心前移。左掌向上、向右画弧，屈臂于胸前，掌心斜向下；右掌向下、向左画弧，屈臂于腹前，掌心斜向上。（图26.2）

3.重心前移，上体左转，右脚收于左脚内侧。两臂交错相抱，左臂在上，右臂在下，两掌掌心斜相对。（图26.3、图26.3附图）

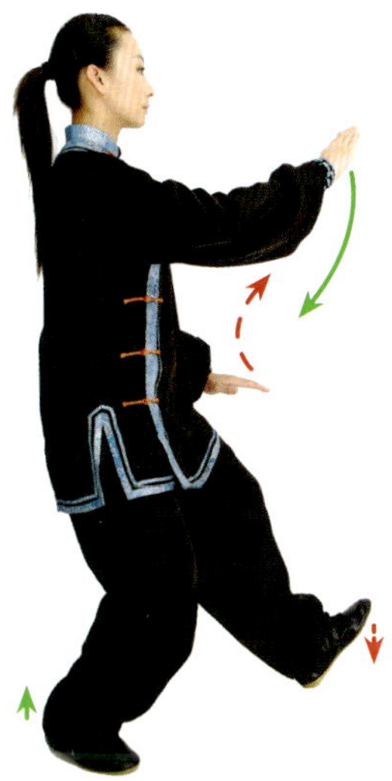

图 26.1

图 26.2

图 26.3

图 26.3 附图

4.上体稍右转，右脚向右侧开步，脚跟着地。（图26.4、图26.4附图）

5.重心右移，上体左转，成右侧弓步（横裆步）；右肩向右倾靠。两掌分别向右前上方和左前下方撑开；右掌略高于头，掌心斜向上；左掌与胯同高，掌心斜向下。（图26.5）

【要点】

1.分手时，右拳变掌向上、向右画弧，左掌向下、向左画弧。

2.开步插手时，右脚向右侧偏后开步，脚跟先落地，上体随之微向右转；右掌向左手伸插，两臂斜上、斜下交错，两腿夹实。

3.侧身分靠时，右臂先向体前挑举，随之上体侧倾，左掌斜向下撑，两臂分展角度约120度。

4.斜身分靠时，上体侧倾，头与躯干保持顺直，含胸拔背，沉肩顶头。

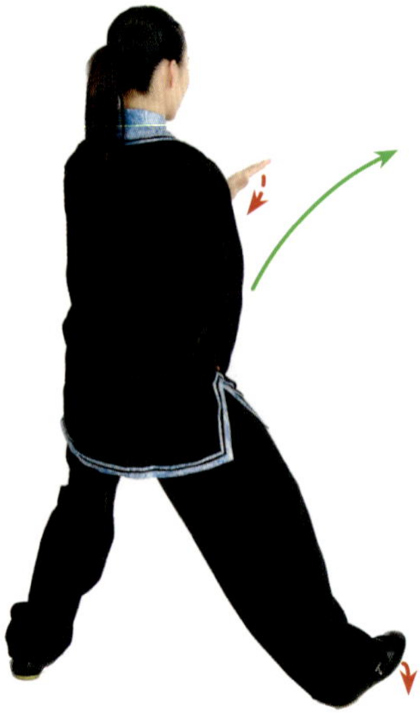

图 26.4

图 26.4 附图

图 26.5

第二十七式　单鞭下式

【练法】

1.重心左移，上体左转，右脚脚跟稍外展。左掌变勾手，提至身体左侧，腕与肩同高；右掌向左画弧，经头前摆至左肘内侧。（图27.1）

2.上体右转，左腿全蹲，右腿伸直，成右仆步。右掌下落经腹前顺右腿内侧向右穿出，掌心由内转向外，指尖向右。（图27.2）

【要点】

1.勾手摆掌时，左手上提变勾，右掌内旋右摆，上体左转，右脚脚跟稍向外蹬转。

2.穿掌时，右掌下落外旋，掌心向外，指尖向右，由屈而伸至踝内侧；两臂伸展，勾手高与头齐，勾尖向下。

图 27.1

图 27.2

第二十八式　金鸡独立

【练法】

1.重心右移，上体右转，右脚脚尖外展，左脚脚尖内扣，右腿屈弓，左腿自然伸直。右掌向上挑至体前，成侧立掌，腕高与肩平；左臂内旋下落至身后，勾尖向上。目视右掌。（图28.1）

2.重心前移，上体右转。左腿屈膝上提，脚尖下垂；右腿微屈站稳，成右独立步。左勾手变掌，经体侧向前、向上挑起，成侧立掌；右掌翻转下按于右胯旁。（图28.2、图28.3）

图 28.1

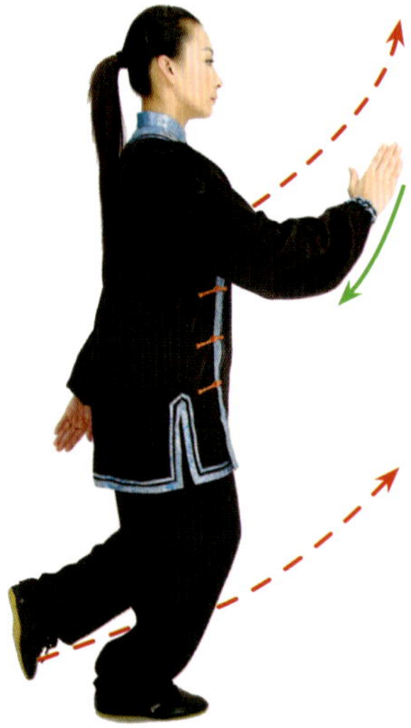

图 28.2

图 28.3

3.右腿稍屈，左脚落于右脚内侧后方，重心后移，左掌翻转下落。（图28.4）

4.上体左转，右腿屈膝提起，脚尖下垂，左腿微屈站稳，成左独立步。左掌翻转按于左胯旁，右掌成侧立掌挑至体前。目视右掌。（图28.5）

【要点】

1.弓腿挑掌时，重心前移，右脚脚尖外展，左脚脚尖内扣。

2.提脚时，转腰屈膝，收脚上提，左脚勿拖地、蹬地。

3.独立挑掌时，上体舒展，转腰顺肩，侧向前方。臂半屈成弧，屈腕舒掌，沉肩垂肘，虎口与鼻尖相对，膝与肘相对。

4.落脚时，转腰屈腿，前脚掌先落地，动作轻柔完整。

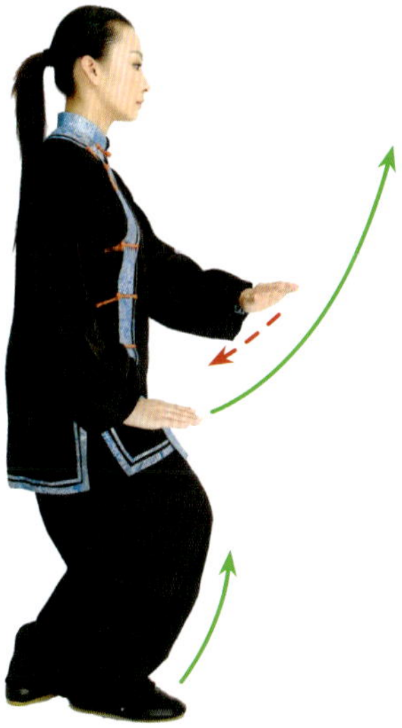

图 28.4

图 28.5

第二十九式　退步穿掌

【练法】

左腿稍屈，右脚后撤一步，右腿自然伸直，左腿屈弓，左脚以前脚掌为轴顺势扭正，成左弓步。左臂外旋，左掌翻转，掌心向上，收至腰间，从右前臂上穿出，腕高与肩平；右臂内旋，横掌下按，落于左肘下方。（图29.1、图29.2）

【要点】

1.支撑腿弯曲，上体右转，右脚经左脚内侧退步。前脚掌先着地，随之左脚以脚掌为轴，扭直成左弓步。

2.左掌翻转向上穿出，高与头平，右掌翻转下按与胸平。

图 29.1　　图 29.2

第三十式　虚步压掌

【练法】

1.重心后移，左脚脚尖内扣，上体右后转。左掌回收，右掌收至腹前，左掌举于左额侧上方。目随转体平视。（图30.1、图30.2）

2.重心移至左腿，右脚提起，脚尖转向前方，前脚掌着地，成右虚步。上体向下松沉，稍向前俯；左掌自上而下横按于右膝前上方，指尖向右；右掌按于右胯旁，指尖向前。目视前下方。（图30.3、图30.4）

【要点】

1.转体中，左脚扣脚要充分，右脚脚跟内转后要稍向右活步，调整成右虚步。

2.压掌时，转腰顺肩，屈腿落胯。上体前俯30~45度，保持舒展，掌横压于正前方。

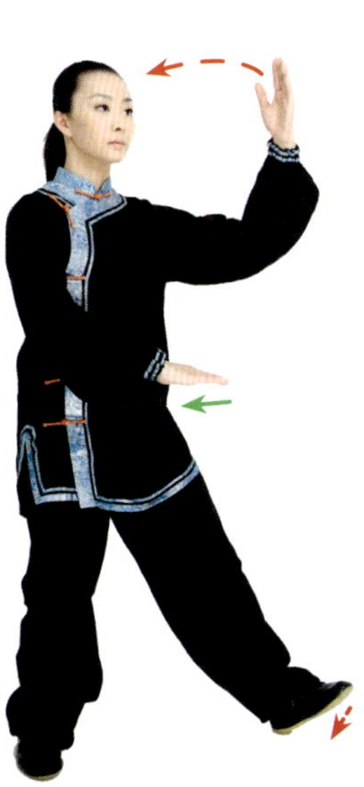

图 30.1

图 30.2

图 30.3

图 30.4

第三十一式　独立托掌

【练法】

左脚蹬地，左腿微屈站稳；右腿屈膝提起，脚尖下垂，成左独立步。右掌翻转上托，举于体前，掌心向上，腕高与胸平；左掌向左、向上画弧，撑于体侧，腕高与肩平，掌心向外，指尖斜向上。（图31.1、图31.2）

【要点】

1.首先转腰、蹬腿，重心上升，随之提脚独立托掌。动作要发于腰腿，行于手脚，定于全身。

2.定式时，前臂伸展，侧臂屈撑，上体中正，顶头沉肩，含胸拔背，松腰提腿，支撑稳固，脚趾扣地。

3.左掌屈腕外撑，虎口向前，掌心向外。右掌托于体前，两掌与肩同高。

图 31.1

图 31.2

第三十二式　马步靠

【练法】

1.右脚前落，脚尖外撇，重心前移，上体右转。右臂内旋，右掌翻转下捋；左臂外旋，左掌向上、向右画弧。（图32.1、图32.2）

2.左脚收于右脚内侧，上体继续右转。右掌翻转向上，并向右画弧，举于体侧，高与头平；左掌由右至左向下画弧，落于腹前。目视右掌。（图32.3）

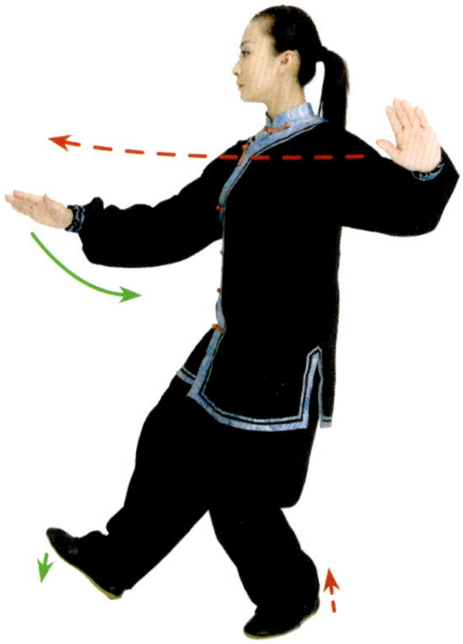

图 32.1

图 32.2

图 32.3

3. 上体左转，左脚向左前方上步，脚跟落地，左脚落实，重心略向前移，成半马步。左掌握拳，左臂内旋，摆至身体左侧，向前靠出，拳心向外，拳面向下，置于左膝前；右掌屈收，经身侧推助左臂向前挤靠，掌心向左，掌指附于左后臂内侧。（图32.4、图32.5）

【要点】

1.落脚时，屈腿上步前落，上体右转，脚尖外撇，脚跟先着地。

2.摆臂时，两臂交错画立圆，动作同搂膝拗步。左掌经右肩前时开始握拳，拳心向下，拳眼向内。

3.左脚上步方向为左前方约45度，脚跟先落地，随之重心前移，全脚踏实，成半马步。

4.前靠时，腰腿发力，小腹充实，快速完整，短促呼气。两腿屈蹲，裆部撑开，重心稍下降，后腿内转前蹬，前腿稍屈弓。上体微向左转，挤靠方向为侧前方，与左脚方向相同。左臂内旋微屈，左拳置于左膝上方或内侧，拳面向下，拳心向外。力总在左后臂外侧。

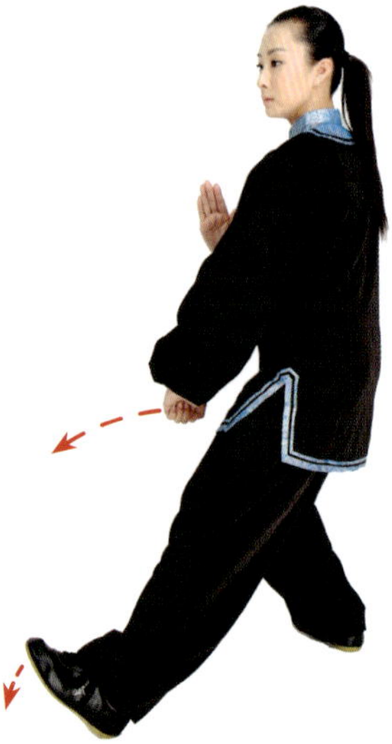

图 32.4

图 32.5

第三十三式　转身大捋

【练法】

1.重心后移，左脚脚尖外撇抬起。左拳变掌，左臂外旋，右臂内旋，两掌掌心转向外，并微向后收带。（图33.1）

2.上体左转，重心前移，右脚收于左脚内侧，两脚平行向前，重心仍偏于左腿，并稍向上升高。左臂内旋，左掌屈肘提至胸前，横掌掌心向外；右臂外旋，举于身体右侧，高与肩平，掌心向上。目视右掌。（图33.2～图33.4）

图 33.1

图 33.2

图 33.3

图 33.4

3.以右脚前脚掌为轴，脚跟外展，身体左转，右腿屈弓；左脚后撤一步，脚尖外展落地。两掌随转身向左平捋至体前，两掌逐渐握拳，右拳高与头平，左拳置于右肘内侧。（图33.5～图33.7）

图 33.5

图 33.6

图 33.7

4.上体继续左转，重心左移，右脚脚跟外展，右腿自然蹬直，成左侧弓步（横裆步）。左臂外旋，左拳向左画弧，卷收于腰间，拳心向上；右臂屈肘外旋滚压至体前，右拳高与胸齐，拳心斜向上。（图33.8、图33.8附图）

【要点】

1.此式由杨式大捋推手演化而来。大捋推手主要由捋、靠、肘、挒、采等手法组成。本式表现了转身捋和滚肘两种手法。

2.撇脚转掌在劲力上也属于由紧而松、由实而虚的折迭。由前式发力靠挤以后，身体放松，随之弹性回转一小弧，再左脚外撇，上体左转，两臂放松回转后引，腕关节屈绕，左臂先外旋再内旋，右臂先后引再外旋，两掌翻转向上并步托举。

3.并步后，重心升高，身体转向起式方向，重心偏于左腿；右掌掌心向上，左掌掌心向前。

4.转体大捋时，以右脚脚掌为轴，脚跟外转，上体继续左转。右腿屈膝，左腿向起式方向的右后方撤一步，前脚掌内侧着地。

5.滚肘重心左移，右腿蹬直，脚跟外转，成左侧弓步。上体左转，左拳外旋收于腰间，拳心向上。右拳也外旋，右前臂滚转下压。

图 33.8

图 33.8 附图

第三十四式　歇步擒打

【练法】

1.上体右转，重心右移。右臂内旋，屈肘上撑，右拳置于右额前，拳心向外；左臂内旋，左拳向身体左后方穿出，拳心向后。目视前方。（图34.1）

2.上体左转，左脚脚尖外展，重心前移。右拳经体侧下落收至腰间，拳心向上；左拳变掌，向前画弧，掌心向上。（图34.2）

3.右脚经左脚前向左前方盖步横落，两腿交错屈蹲成歇步。左掌翻转握拳，收于腹前，拳心向下，虎口向内；右拳经左前臂上向前、向下打出，拳心向上。（图34.3～图34.5）

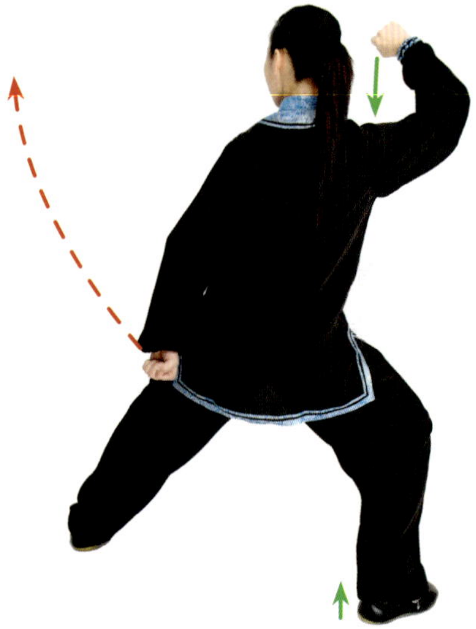

图 34. 1

图 34. 2

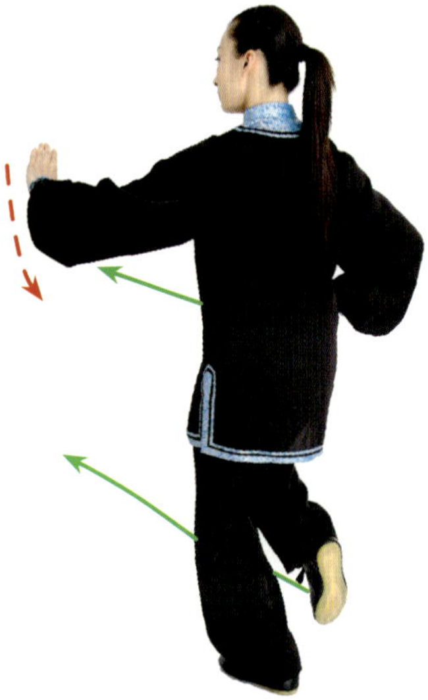

图 34. 3

【要点】

1.本式由陈式太极拳中“小擒打”及形意拳杂式捶中“懒龙卧道”的动作演变而来。步形为高歇步（交剪步），步法为盖步，手法为擒手和前下方冲拳。

2.第一动，上体右转不宜超过90度，两臂握拳内旋，右拳高勿过头，左拳低勿过髋。

3.擒手时，左脚脚尖外撇，上体左转，左拳弧形摆向身体左前方，掌心翻转向右，握拳后拳心转向下。

4.歇步打拳时，右脚向左前方盖步横落，脚跟先着地，两腿屈膝半蹲成高歇步。右拳向前下方打出，拳心向上，高与腹平。左拳拳心向下，置于左前臂下。上体稍向前倾。

图 34.4

图 34.5

第三十五式　穿掌下式

【练法】

1.上体右转，左脚收至右脚内侧。两拳变掌，右臂内旋，掌心翻转向外，掌指向左，提至胸前；左臂外旋，掌心翻转向内，掌指向左，举于身体左侧。（图35.1）

2.上体右转，右腿屈蹲，左腿向左侧伸出，成右弓步。两掌向上、向右画弧，经面前摆至身体右侧，掌心转向斜下，指尖斜向右上方；右掌伸举于右前方，腕与肩平；左掌屈臂，摆至右肋前。（图35.2）

3.右腿全蹲，左腿平铺，上体左转，成左仆步。两掌绕转之间转向左，经腹前顺左腿内侧向左穿出，左掌在前，掌心向内；右掌在后，掌心向外。（图35.3）

图 35.1

【要点】

1.收脚提掌时，重心恢复成弓步时高度。两掌翻转，侧掌上提，高不过肩，指尖向左。

2.摆掌时，上体右转，两掌经体前右摆，高不过头。左脚向左开步侧伸时，前脚掌内侧先着地，两脚前后间距为一脚长。

3.穿掌时，屈腕转掌，左掌掌心转向内，右掌掌心转向外，两掌转成侧掌，指尖皆向左，沿左腿侧穿出。

图 35.2

图 35.3

第三十六式　上步七星

【练法】

1.重心前移，上体左转。左脚脚尖外撇，右脚脚尖内扣；右腿蹬直，左腿屈弓，成左弓步。左掌向前、向上挑起，腕高与肩平，掌心向右，指尖斜向上；右掌微向后拉，侧置于右胯旁。目视左掌。（图36.1）

2.重心前移，右脚上前一步，前脚掌落地，成右虚步。左掌握拳，稍向内收，拳心向内；右掌变拳向前、向上架起，拳心向外；两腕交叠，两拳交错于身前，高与肩平，右拳在外，两臂撑圆。（图36.2～图36.4）

【要点】

1.弓腿挑掌时，重心前移，左腿屈弓，左脚脚尖外撇；右腿蹬直，右脚脚尖内扣。

2.架拳时，两拳交错，高与肩平；右拳在外，左拳在内；两臂半屈撑圆，沉肩悬肘，含胸拔背。

图 36.1

图 36.2

图 36.3

图 36.4

第三十七式　退步跨虎

【练法】

1.右脚向右后方撤一步，重心后移，上体右转。右拳变掌，向右下方画弧至右胯旁，掌心向下；左拳变掌，随身体右转稍向右画弧，掌心向右。头稍右转，目视左掌。（图37.1、图37.2）

图 37.1

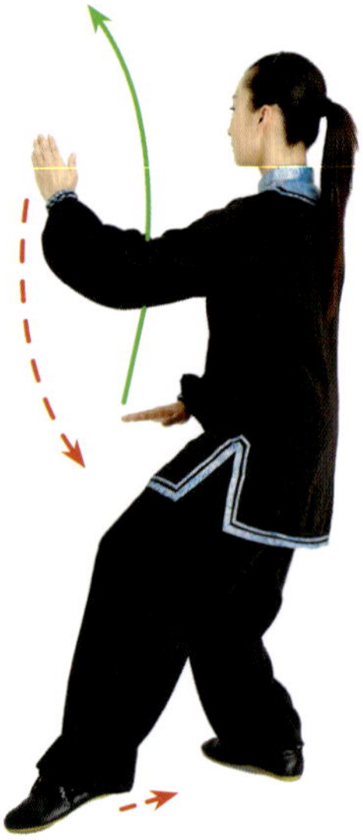

图 37.2

2.左脚稍向后收，前脚掌着地，落于右脚内侧；上体左转，身体略向下屈蹲；右掌向上画弧，经头前再向左、向下画弧，掌心向上；左掌下按，落于左腿外侧，掌心向外。继而身体左转，重心下落；右掌下落，左掌上提，两掌相叠，右手在上。（图37.3～图37.5）

图 37.3

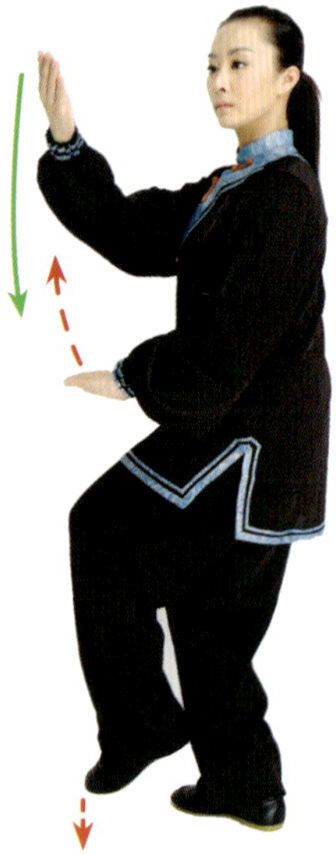

图 37.4

3.右脚蹬地，独立站稳，左腿前举，膝微屈，脚面展平，脚尖稍内扣。右掌向前、向上挑起，成侧立掌，掌心向外，腕高与肩平；左

掌变勾手上提，举于左方，腕高与肩平，勾尖屈腕向下。上体左转，目视左前方。（图37.6、图37.7）

【要点】

1.转体摆掌时，右转幅度约45度，右掌先下落画弧，两掌交错摆动，左掌掌心向右，右掌掌心向下。

2.撤步收脚时，左脚前脚掌点地，上体左转，重心略下降。两掌继续交错摆至左腿外侧，右掌掌心向外，左掌掌心向下。

3.两掌摆时要由身体旋转带动。

4.定式时，上体保持正直，左转约45度。右腿独立站稳，左腿向前上方摆举。膝关节微屈，高于腰部，脚面展平，脚掌内转，如里合腿。右臂在左腿前举方向应与上步七星式方向基本相同。

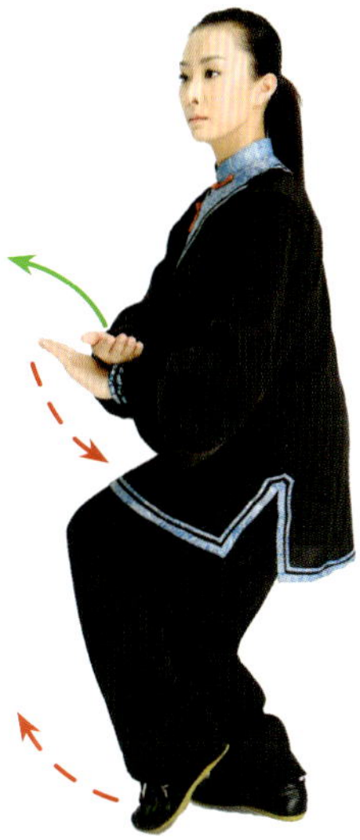

图 37.5

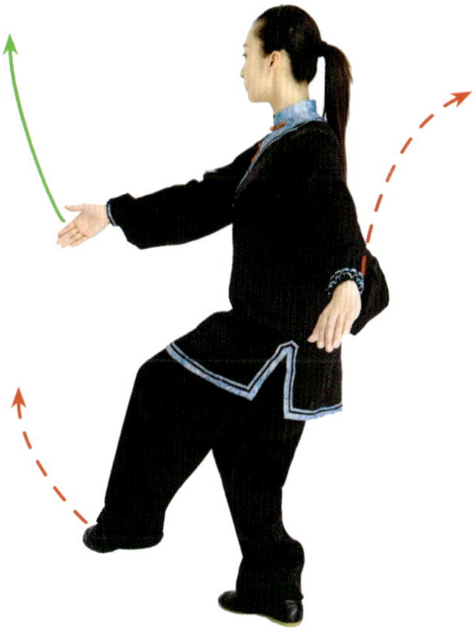

图 37.6

图 37.7

第三十八式　转身摆莲

【练法】

1. 左脚前落，脚跟先着地，脚尖内扣，上体右转。右臂外旋下落于腹前，掌心向上；左勾手变掌，向右画弧与右臂相合，两掌呈“抱球”状。（图38.1）

2.以两脚前脚掌为轴，向右后大幅转体，重心移至左腿。左掌随转体向右摆至体前，右掌经胸前及左肘下方向左穿出。（图38.2）

3.上体继续右转，右脚脚尖虚点地面，成右虚步。右掌穿出后向上、向右画弧，同时前臂内旋，掌心转向右，指尖向上，置于身体右侧，腕高与肩平；左掌自右臂内侧翻转下落，收至右肘前下方，掌心向右。（图38.3、图38.4）

图 38.1

图 38.2

图 38.3

图 38.4

4.右脚提起向左、向上、向右做扇形外摆，脚面展平。上体左转，两掌自右向左平摆，在头前左先右后依次拍击右脚面。（图38.5、图38.6）

【要点】

1.扣步时，上体左转，脚跟落于体前，脚尖内扣。转体时，两脚碾转，左脚以脚跟为轴，右脚以前脚掌为轴。

2.穿摆掌时，右掌先内旋右带转一小弧，再外旋向左，由左肘下穿出画弧，经头前摆至身体右侧，掌心向右，高与肩平。左勾手外旋变掌，经头前画弧摆至右肩前，然后内旋沉落停于右肘内侧下方，掌心亦向右。两掌皆沉腕舒指，虎口撑圆，松肩落胯。此动作取材于八卦掌的摆掌、撑掌。

3.摆腿拍脚时，上体微向前倾，左脚由身体左侧向上、向右扇形画弧摆动，腕关节先屈后展，两掌自右向左挥摆，击拍脚面。拍脚以后，右腿屈收，提于身体右侧。

图 38.5

图 38.6

第三十九式　弯弓射虎

【练法】

1.右腿屈膝提于体前侧，脚尖下垂，左腿独立站稳，上体左转。两掌继续左摆，左掌摆至身体左侧，右掌摆至左肩前下方，掌心均向下，高与肩平。目视左掌。（图39.1）

2.右脚向右前方落步，上体右转，两掌同时下落画弧。（图39.2）

图 39.1

图 39.2

3.重心前移，上体右转。两掌向下、向右画弧，至身体右侧时，两掌握拳，拳心向下。（图39.3）

4.上体左转，右腿屈弓，左腿自然蹬直，成右弓步。左拳经面前向左前方打出，高与鼻平，拳心斜向前；右拳同时屈肘向左前方打出，至右额前，拳心向外，拳眼斜向下。（图39.4）

【要点】

1.落脚上步方向为右前方约45度。

2.两掌随转体向下画弧，摆至身体右侧握拳，拳心向下，两肩放松。

3.握拳后，两臂屈收。左拳经鼻前向左前方打出，右拳也向左前方冲打至右额前。两臂皆内旋，两拳成反冲拳。

4.定式时，步形为右弓步，方向为斜前方约45度。上体半面左转，微向前俯，头转看冲拳方向。

图 39.3

图 39.4

第四十式　左揽雀尾

【练法】

1.重心后移，右脚脚尖抬起外撇，上体右转。两拳变掌，左掌向左前伸展，掌心斜向下；右掌翻转向下画弧至腰间，掌心向上。头随身体自然转动。（图40.1）

2.重心前移，左脚收至右脚内侧。右掌自下向右再翻转向上画弧，左掌由右向下画弧，两掌在胸、腹前上下合抱，掌心相对。（图40.2、图40.3）

3.上体稍左转，左脚向前上步，脚跟着地。（图40.4）

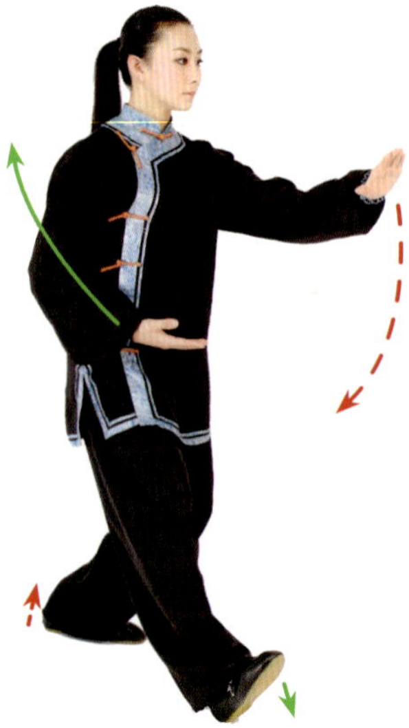

图 40.1

图 40.2

图 40.3

图 40.4

4.重心前移，左脚踏实，成左弓步。左前臂向前掤出，左掌掌心向内，高与肩平；右掌按落于右胯旁，掌心向下。（图40.5、图40.6）

5.上体稍左转，左掌翻转向下，稍向前伸；右掌翻转向上，经腹前向上、向前画弧，伸至左前臂内侧下方。（图40.7）

6.上体右转，重心后移。两掌下捋，经腹前再向左后上方画弧，右掌高与肩平，掌心斜向后；左掌屈臂摆至右胸前，掌心向内。（图40.8～图40.10）

图 40.5

图 40.6

图 40.7

图 40.8

7.上体左转，面向前方。右掌屈臂卷收，掌指贴近左腕内侧；左臂平屈胸前，掌心向外，指尖向右。（图40.11）

8.重心前移，成左弓步。双臂向前挤出，两臂撑圆，右掌指附于左腕内侧，高与肩平。（图40.12）

图 40.9

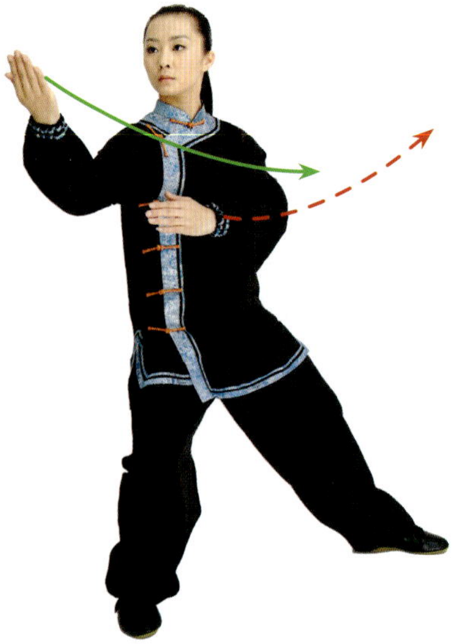
图 40.10

图 40.11

图 40.12

9.右掌经左掌上伸出，两掌分开，与肩同宽，掌心均转向下。（图40.13）

10.身体后坐，重心后移，左脚脚尖上翘。两臂屈肘，两掌收经胸前下落至腹前，掌心向前下方。（图40.14、图40.15）

11.重心前移，成左弓步。两掌平行向上、向前按出，腕高与肩平，掌心向前，指尖向上，塌腕舒掌。（图40.16）

【要点】

转体分手时，右脚脚尖外撇，上体右转与重心后移应同时进行。

图 40.13

图 40.14

图 40.15

图 40.16

第四十一式　十字手

【练法】

1.重心右移，上体右转，左脚脚尖内扣。右掌随身体右摆至面前，掌心向外；左掌侧分于身体左侧，掌心向外。（图41.1）

2.右脚脚尖外展，重心右移，上体继续右转，左腿自然伸直。右掌摆至身体右侧，两掌左右平举立于身体两侧，掌心向前，两肘略屈。（图41.2）

3.重心左移，右脚脚尖内扣，上体左转。两掌向下、向内画弧，于腹前两腕相交，继而两掌合抱，举至胸前，右掌在外，掌心均斜向内。（图41.3、图41.4）

图 41.1

图 41.2

图 41.3

4.右脚内收，两脚与肩同宽，脚尖向前，成开立步。随即上体转正，两腿屈膝，两掌交错成斜“十”字形抱于体前，掌心向内，高与肩平。（图41.5）

【要点】

1.重心右移与两脚脚尖扣展、两手分开、上体右转应一气呵成，不可停顿断劲。右脚脚尖外展是在右腿由虚变实的过程中进行的，应特别注意连贯平稳。

2.两手分开侧举时，应松肩、沉肘、屈腕，掌心向前，指尖斜向上。

3.抱掌时，两臂半屈撑圆，右掌在外。

图 41.4

图 41.5

第四十二式　收式

【练法】

1.两前臂内旋，两掌边翻转边平行分开，与肩同宽，掌心向前下。目视前方。（图42.1、图42.2）

2.两腿慢慢直立，两掌慢慢下落至两腿外侧，上体自然正直。目视前方。（图42.3）

图 42.1

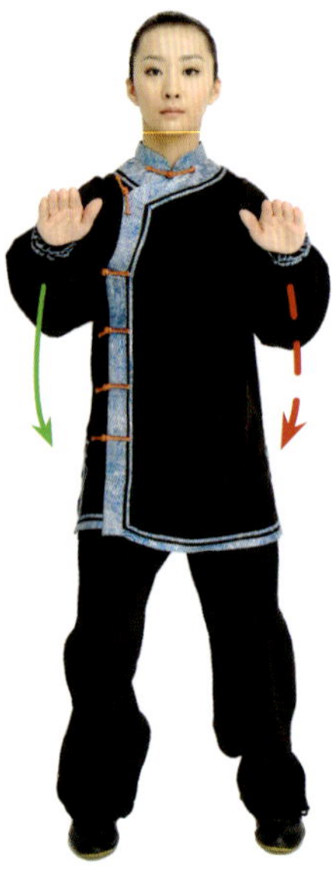

图 42.2

图 42.3

图 42.4

3.重心移至右脚，左脚收至右脚旁，两脚并拢，脚尖向前，身体自然直立，呼吸平稳均匀。目视前方。（图42.4 ~ 图42.6）

【要点】

1.两掌分举时，两臂内旋，两掌翻转向下。

2.垂臂时，两臂徐徐下落，不可松懈。

3.收脚并步后，恢复成预备式。

4.整个动作应连贯平稳。

图 42.5

图 42.6